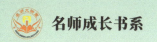
名师成长书系

U0634361

# 玩转地理

## 初中地理社团实践活动课程

GEOGRAPHY

任黎娜 ◎ 编著

吉林大学出版社

长春

图书在版编目（CIP）数据

玩转地理：初中地理社团实践活动课程 / 任黎娜编
著 . 一长春：吉林大学出版社，2021.4
ISBN 978-7-5692-8229-0

Ⅰ.①玩… Ⅱ.①任… Ⅲ.①地理课－初中－教学参
考资料 Ⅳ.① G634.553

中国版本图书馆 CIP 数据核字（2021）第 078889 号

| | |
|---|---|
| 书　　名 | 玩转地理——初中地理社团实践活动课程 |
| | WANZHUAN DILI—— CHUZHONG DILI SHETUAN SHIJIAN HUODONG KECHENG |
| 作　　者 | 任黎娜 编著 |
| 策划编辑 | 樊俊恒 |
| 责任编辑 | 安斌 |
| 责任校对 | 田娜 |
| 装帧设计 | 笔墨书香 |
| 出版发行 | 吉林大学出版社 |
| 社　　址 | 长春市人民大街 4059 号 |
| 邮政编码 | 130021 |
| 发行电话 | 0431-89580028/29/21 |
| 网　　址 | http://www.jlup.com.cn |
| 电子邮箱 | jdcbs@jlu.edu.cn |
| 印　　刷 | 武汉颜沫印刷有限公司 |
| 开　　本 | 787mm×1092mm　 1/16 |
| 印　　张 | 5.25 |
| 字　　数 | 80 千字 |
| 版　　次 | 2021 年 4 月第 1 版 |
| 印　　次 | 2021 年 4 月第 1 次 |
| 书　　号 | ISBN 978-7-5692-8229-0 |
| 定　　价 | 46.80 元 |

## 本书编委会

编　著　任黎娜

编委会　任黎娜　黄　越　柯思而　黄文敏　蒙艳艳

# 前　言

　　教育是活动的先导，活动是教育的载体。学生社团是学生为增长知识锻炼能力，丰富课余文化生活，自愿组织起来的群众性团体，是新时期适应高等教育改革，全面推行素质教育，提高学生综合素质的新型组织。同时为了营造良好和谐的校园文化，全面提高学生综合素质，调动广大同学参与社团活动的积极性和主动性，使广大学生在活动参与中受到潜移默化的影响，社团活动作为课堂的补充和辅助，突破了传统课堂的局限性，已然成为大部分学校的常规活动。

　　但笔者作为地理教师在几年前开始讲授中学地理社团课程时，对教材的选择就比较困惑。纵观教育体系，竟没有系统规范的社团课程教学理论，网上也只有零零散散的片段。系统规范的缺失体现在教学中，就会产生这样一个问题，那就是对地理这门学科而言，社团课程不成体系，起不到补充和辅助的作用，很多时候只会沦为传统课堂教学。笔者深感这种状况不利于学校教学，于是萌生了一个念头，想做点什么填补一下这个空白，这个想法得到了很多地理同行的热情鼓励和支持，因此花了一年多时间写了这本书。现在回想起来，在空寂的荒原上驱驰，筚路蓝缕，困难很多，但那种酣畅淋漓的感觉却是十分难得的。

　　本书是以国家义务教育《地理课程标准》中的"过程与方法"目标为核心，通过27个优秀典型的社团课程教学案例，根据探求地图的奥秘、地理模型制作、探究地理文化、探秘海洋、探索本土区域地理五个探究专题进行分类编写。

　　本书内容分五章共27节，第一章：玩转地理：探求地图的奥秘，介绍了一些平面图、地形图、剖面图的绘制方法以及电子地图的使用；第二章：玩转地理：探究地理模型的制作，介绍了地球仪、等高线地形图、简易地震仪、植物垂直地带性分布模型、气温曲线和降水柱状图模型演示仪、微景观生态瓶、"鱼菜共生"模型的制作原理及过程；第三章：玩转地理：探寻地理文化，介绍我国的饮食文化、建筑民居文化与地理的关系，还有城市文明的宣传实践活动，如垃圾分类、小导游、手抄报制作等；第四章：玩转地理：探秘海洋，介绍我国的海洋资源以及人类对海洋的探索；第五章：玩转地理：探索本土区域地理，利用本土的资源，如每日身处的校园、水东湾红树林、晏镜岭、露天矿、小东江等，让学生通过研学活动培养他们的科学探究能力，从而更好地贯彻地理课程标准的理念。

本书采用案例形式，遵循认知规律，尊重学生的心理需求，精心设计学习探究过程，引领学生在观察、操作、思考等过程中感知、体验和感悟基本的地理概念、原理和规律，掌握认识地理事物和规律的一般方法，体验成功，提升素养，具有很强的可读性、针对性和启发性。而且本书的读者适用范围很广，既可以是初中学生社团指导老师及广大教育工作者系统教学的教学参考用书，更可以是青少年学生丰富自己知识和文化的补充读本；既可以是培养广大中小学生地理实践素养的教材，也可以作为弥补自身知识面不足的营养品。同时，本书作为广东省教育"十三五"规划课题《初中学生地理核心素养培养的途径——校园地理社团活动研究》的成果之一，在学校地理社团课程开发实施方面有一定的参考价值。

在本书编撰过程中，虽然我们首先确定了一定的编写逻辑和编写原则，然后查阅了大量的相关资料，但是由于我们的水平有限，时间仓促，再加之地理社团活动课程这一方面的理论存在很多空白，本书存在疏漏、不当之处在所难免，敬请读者批评指正。

# 目　录

# 第一章

## 玩转地理：探求地图的奥秘

# 第一节　绘制平面图

## 绘制平面图

　　用绘制平面图的方法，把地球表面某一区域的景物，按一定比例缩小，并用符号画在平面的相应位置上，注上必要的文字，就成为一幅地图。

　　初中地理七年级上册第一章第二节"我们怎样学地理"中提到了地图三要素：方向、比例尺、图例和注记。根据课标要求，学生要学会如何判断地图中的方向、如何计算地图中的比例尺、认识地图中常见的图例和注记。

　　蓝色海洋社团设计绘制平面图的课程，目的在于让学生学以致用，通过实践去理解和掌握所学的理论知识。

## 活　动

### 一、工具/材料

皮尺、直尺、圆规、三角板、铅笔、橡皮擦

### 二、前期准备

1. 为各组学生提供绘图纸（A4 纸）。

2. 选用几张学校的校园平面图制作教学课件，展示给学生。

### 三、活动步骤：

1. 复习地图的三要素：方向、比例尺、图例和注记。

2. 观看外校校园平面图，思考如何把立体变成平面图，如何确定比例尺。

3. 以 5 人为一小组，测绘教室平面图：

　（1）测量教室的相关数据：长、宽、讲台的长宽、教室课桌椅的摆放及长宽。

　（2）根据绘图纸大小和测量数据，确定统一的绘图比例尺。

　（3）根据自身特色确定绘图风格，确定图例和注记。

　（4）按正确的步骤绘制本组草图。

　（5）对平面图进行完善，可涂上颜色等。

4. 熟悉测绘平面图的步骤后，各小组到室外绘制校园平面图。

（1）小组分工合作，3 人对校园建筑物进行测量，1 人记录数据，1 人绘制草图。

（2）根据绘图纸大小和测量数据，确定比例尺。

（3）确定图例和注记。

（4）修正草图，完善平面图。

（5）上交作品。

5. 各小组展示自己的作品，进行相互点评交流作品。

# 第二节　等高线地形图的绘制

## 不同山体部位的等高线特点

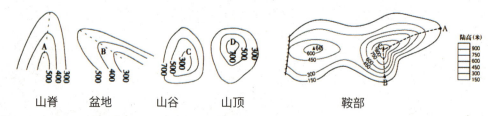

山脊　　　盆地　　　山谷　　　山顶　　　　　　　鞍部

山脊：等高线数值从高处向低处凸出。

山谷：等高线数值从低处向高处凸出。

盆地：等高线数值中间低四周高。

山顶：等高线数值中间高四周低。

鞍部：位于两个山顶之间的低凹处。

## 等高线特点及等高距

### 等高线特点

同线等高。同图等距。等高线密集，坡度陡；等高线稀疏，坡度缓。

### 等高距

相邻两条等高线的海拔高度差。

## 等高线地形图绘制原理

把地面上海拔高度相同的点连成的闭合曲线垂直投影到一个标准面上，并按一定比例缩小画在图纸上，就得到等高线。

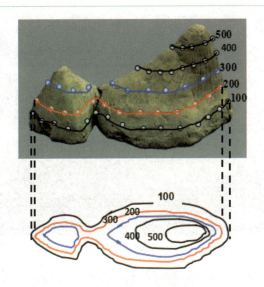

## 活 动

### 一、工具／材料

尺子、小铲子、毛线、剪刀、盛水的小桶、标示高度的标签、表示山体部位的标签。

### 二、前期准备

分小组：分为 8 个小组，每个小组 4—5 人。

### 三、活动要求

1. 制作等高线地形模型：

（1）在沙池里堆一堆沙堆，堆成山体状。并用小铲子做出不同的山体部位，比如山脊、山谷、山顶、鞍部、悬崖、陡坡、缓坡。注意：山顶不能太多，两个最好。高度可以不同。

（2）用标签在"山体"表面不同高度处标出高程。注意：尺子要垂直摆放。各记号处的高度间隔要相同。

（3）用毛线小心地沿记号处绕"山体"水平围好圈圈。

（4）用标签标出山脊、山谷、山顶、鞍部、陡崖、陡坡、缓坡。 注意整个过程等高距相同。

2. 分别在山谷、山脊洒水，观察水的流动方向。

3. 可以模拟植被与水土流失的关系。

## 四、活动步骤

1. 观察山脊、山谷、山顶、鞍部、陡崖五个部位的等高线有什么特点?

2. 山脊和山谷处的等高线有何特点?

3. 等高线的疏密与坡度陡缓有怎样的联系?

4. 河流出现在山脊还是山谷?

# 第三节　地形剖面图的绘制

## 地形剖面图

地形剖面图亦称断面图，是以垂直于地面的平面切割地面后得到的图形。这好比一个立体地形模型，用刀沿竖直方向切开，其切面即为剖面或断面。将剖面上地表的起伏状况按比例制成图，即剖面图。就是好像把放在水平面上的蛋糕用刀切开，可以从切面看出蛋糕的厚薄。

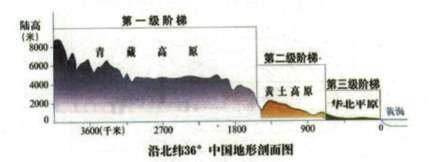

沿北纬36°中国地形剖面图

## 活　动

### 一、工具 / 材料

铅笔、橡皮擦、长尺、图纸。

### 二、前期准备

每5人一小组，讨论完成图纸上的地形剖面图绘制。

### 三、活动步骤

根据等高线地形图，绘制地形剖面图：

1. 画出剖面线。

2. 建立横纵坐标。

3. 找出剖面线与等高线的交点。

4. 将交点转绘到平面线上。

5. 显示交点的垂直位置。

6.连线（用平滑的曲线）。

7.根据图例添涂颜色。

图1：

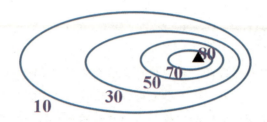

图2：图中数据分别为 –200、–100、0、100、200、300

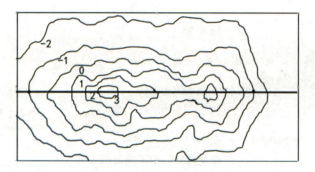

地形剖面图的应用

定性判断1：注意凸坡（等高线上疏下密）不可见，凹坡（等高线上密下疏）可见。

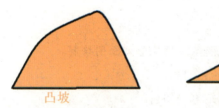

凸坡　　　　　　　　凹坡

定性判断2：观测点与目标点没有被任何地物（尤其是山脊和山顶）所切断，表示通视良好；否则就不能通视。

活　动

（2001年全国卷文综试题）某山区的一所学校，拟组织学生对附近公路的交通流量进行调查。读下图，判断在 E、F、G 三个地点中，能目测到公路上经过 H 处车辆的是 _____ 处。

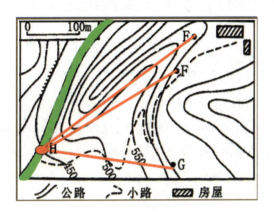

# 第四节 中国地形阶梯示意图制作

## 中国地形阶梯示意图

该示意图来源于湘教版初中《地理》八年级上册第二章、第一节"中国的地形"教学内容。为学习中国地势的特点西高东低，呈阶梯状分布做好准备，第一、第二阶梯的分界线为：昆仑山脉、祁连山脉、横断山脉。第二、第三阶梯分界线为：大兴安岭、太行山脉、巫山、雪峰山。该模型颜色对比鲜明、生动形象地展示了我国地势西高东低的特点，有利于让学生理解我国地势呈阶梯状分布的意义。

## 活 动

### 一、前期准备
共分成 8 个小组，每组四位同学。

### 二、工具 / 材料
泡沫板、小刀、双面胶、白乳胶、绿豆、黄豆、红豆

### 三、制作步骤
1. 在 30cm×40cm 的泡沫板上用记号笔先描绘出我国三大阶梯地图，再描绘出三级阶梯分界线。

2. 将绿豆和白乳胶粘贴到第三级阶梯，黄豆和白乳胶粘贴在第二级阶梯，红豆和白乳胶粘贴在第一级阶梯。

## 使用方法

本模型可以在湘教版初中《地理》八年级上册第二章、第一节"中国的地形"教学内容中使用，课前可以利用此模型进行上一课时"我国地形区"的复习，让学生依次上来指出我国的四大高原、四大盆地、三大平原和三大丘陵，同时为学习中国地势的特点为西高东低，呈阶梯状分布做好准备。

第一、第二阶梯的分界线为：昆仑山脉、祁连山脉、横断山脉。第二、第三阶梯分界线为：大兴安岭、太行山脉、巫山、雪峰山。

# 第五节　玩转电子地图

## 电子地图

电子地图，即数字地图。随着科学技术水平的提高，电子地图在日常生活中越来越普及。学生可以通过本节课的学习，学会如何使用电子地图，更深入感受信息技术与日常生活的联系。

## 活　动

### 一、前期准备

1. 分组：两位学生为一个小组。

2. 在电脑中下载好百度地图、PPT 制作工具等。

### 二、活动步骤

1. 认识百度地图

(1) 打开百度地图，认识百度地图中的常用功能。

(2) 自己动手操作，认识百度地图中的常用功能。

2. 完成任务，熟悉操作百度地图

(1) 任务一：找到学校和自己家的地图，并切换"卫星模式"。

(2) 任务二：找出学校到自己家的行走路线，标注上自己家的地址，并保存图片（文件名：某某的家）

(3) 任务三：欣赏"山门工农红军红军挺进师纪念园"全景图。

3. 借助百度地图设计旅游计划——茂名市三日游

(1) 旅游计划中包括旅游线路的设计、衣食住行等的安排。

(2) PPT 展示：制作 PPT 展示旅游计划。每一项内容都需要在百度地图上截图证明。

4. 小组展示作品，并相互点评交流作品。

# 第二章
## 玩转地理：探究地理模型的制作

# 第一节　地球仪模型制作

## 地球的模型——地球仪

　　人们根据地球的形状并按一定的比例缩小后，制作成地球模型，这就是地球仪。地球仪是学习地理的重要工具之一。借助地球仪，可以知道地球的基本面貌，了解地球表面各种地理事物的分布，能直观演示地球运动、昼夜长短变化、四季形成等自然现象。

## 活　动

### 一、前期准备：

共分成 8 个小组，每组四位同学。

### 二、工具／材料

①A4 纸一张、剪刀一把、刻度尺一把。

②乒乓球一个、圆规一个。

③较细水性笔（彩色）或颜料若干。

④细棉线若干。

⑤钢丝（可随意变形）。

⑥尖头小钳子一把。

### 三、制作步骤：

注意：在活动操作过程中要注意铁丝等危险物品的使用。

1. 画纬线：

（1）用蘸了红色颜料的细棉线在乒乓球中部围绕一圈，画出赤道。

（2）在乒乓球上画出南、北两极，然后用细棉线连接两极点，做标记，把细棉线取下后，在细棉线1/6.1/3.2/3.5/6处做标记，然后把细棉线连接两极点，在细棉线的1/6.1/3.2/3.5/6处的标记点画在乒乓球上，并在这4处作平行于赤道的圆，分别为南、北纬30°、60°纬线。

（3）用虚线画出南、北回归线和南、北极圈，并标记度数。

2. 画经线：

（1）用一根蘸了红色颜料的细棉线，连接南北两极，绕乒乓球一周，以南北两极为分界点，一条为0°经线，即本初子午线，另一条为180°经线。

（2）在与0°经线成90°角的位置用细棉线连接南北两极，画出东西经90°。在与0°经线成45°角的位置用细棉线连接南北两极，画出东西45°短线。

3. 用圆规（或锥子）在南、北极各钻一个小孔，并将铁丝折弯使倾斜的铁丝与水平面成66.5°角，然后将铁丝从乒乓球小孔中穿过。

4. 把乒乓球固定在倾斜铁丝的中间，同时又可以自由转动。

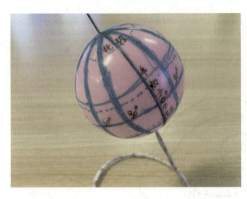

# 第二节　等高线地形图模型制作

　　本课程设计的目的在于让学生学会使用各种工具和材料，按照老师的制作流程完成简单地形模型的制作，识别等高线地形图上的山峰、山脊、山谷、鞍部、陡崖等，并通过制作地形模型，培养在现实生活中观察事物、分析问题、解决问题的能力。

## 活　动

### 一、工具／材料

广告 pvc 泡沫板、剪刀、小刀、双面胶、等高线地形图

### 二、前期准备

1. 分小组进行活动，每小组 5—6 人。

2. 每组准备好 1—2 块广告 pvc 泡沫板。

### 三、活动步骤

1. 制作等高线地形模型：

　　（1）裁剪等高线地形图。沿着等高线地形图将等高线裁剪出来。

　　（2）裁泡沫板。在泡沫板上描出每一条等高线的轮廓，并用小刀从泡沫板上裁出相应大小的泡沫。

　　（3）制作模型。将泡沫相应的等高线区域，按照海拔从低到高依次粘贴。

　　2. 学生根据自己制作的等高线地形图模型在等高线地形图上判断出山脊、山谷、鞍部、陡崖、山顶等山体部位。

　　3. 各小组展示等高线地形图模型，总结山体各部位特征。

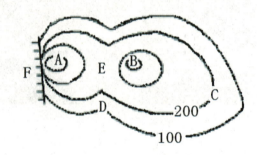

# 第三节 简易地震仪制作

### 地震

地震，又称地动、地振动，是地壳快速释放能量过程中造成的振动，在振动时会产生地震波，是地球上常见的一种自然现象。地球上板块与板块之间相互挤压碰撞，造成板块边沿及板块内部产生错动和破裂，是引起地震的主要原因。

### 简易地震仪原理

利用闭合电路的原理，当悬挂于空中的小球受到震动后产生摆动，铜丝便会碰到边缘的铁环。导线接触铁环后形成闭合回路。震动信号转换成电路信号。电路导通后二极管不停地闪烁，蜂鸣器发出警报声，从而起到报警作用。

### 活 动

**一、工具/材料**

底板、立杆、横杆、双面胶、回形针、铜丝、电池盒、两节5号电池、螺丝、羊角钉、导线、灯珠、圆珠、蜂鸣器。

## 二、制作步骤

1. 在底板上安装并用双面胶固定电池盒。

2. 将立杆与底板用螺丝拧好。

3. 用螺丝固定横杆，横杆上拧好羊角钉，立杆上固定好回形针。

4. 在横杆上用双面胶安装并固定蜂鸣器和灯珠。

5. 用铜丝一头绑住圆珠，另一头从回形针中间穿过，在羊角钉上绕两圈，然后绑在蜂鸣器长脚上。

6. 红色导线一头接电池盒正极，另一头接在蜂鸣器长脚上；蓝黑色导线接电池盒负极，另一头接在回形针上。

7. 给立杆分别涂上黄色和红色，给横杆涂上蓝色。

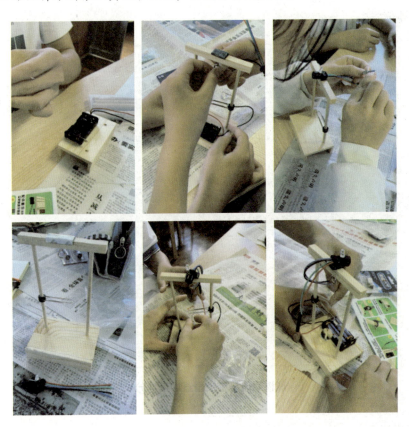

# 第四节　植物垂直地带性分布模型制作

## 植物垂直地带性分布

　　植被垂直地带性是指植被类型随着海拔高度的上升而交替地变化。这种变化的主导因素是温度，一个高度足够的山体，从山麓到山顶，更替的植被带系列类似于该山所处的水平地带植被到极地的水平地带植被。越近赤道的高山，其垂直分布的植被带也越多，到了极地，整个山体为冰雪覆盖，只在山麓处有一个冰原带。

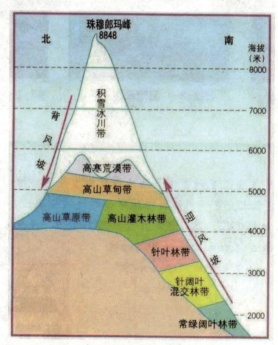

珠穆朗玛峰植被垂直地带性分布

## 活　动

### 制作植被垂直地带性分布模型

**一、工具／材料**

山体的各种材料（可以自己选择），阔叶树、针叶树、灌木、小草的小模型。

**二、前期准备**

分小组进行研学，4—6人为一小组。

**三、活动步骤**

1. 思考步骤，小组制作：

（1）制作山体（可用泡沫、轻质黏土、泡沫加皱纹纸等材料制作）。

（2）根据制作出来的山体的海拔高度，从低到高粘贴或插上植被模型。

2. 作品展示，相互点评、交流作品。

# 第五节　气温曲线和降水柱状图模型演示仪

## 气温曲线和降水柱状图

　　利用气温曲线和降水柱状图分析气候类型的特点，判断气候类型，是初中地理气候教学的重难点。本节课制作的气温曲线和降水柱状图模型演示仪，用可调试的试管及颜料水，使不同气候类型每月降水量的教学形象化，模拟现象更为生动和有趣，加深学生对世界主要气候类型知识的理解。

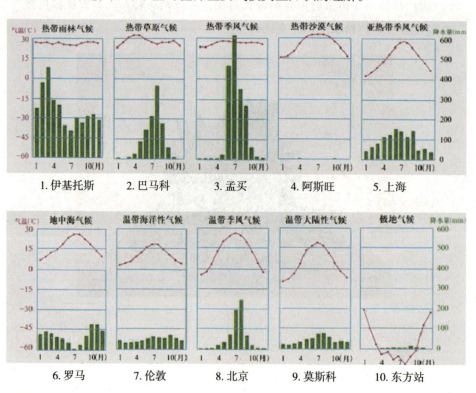

1. 伊基托斯　2. 巴马科　3. 孟买　4. 阿斯旺　5. 上海

6. 罗马　7. 伦敦　8. 北京　9. 莫斯科　10. 东方站

# 活 动

## 制作气温曲线和降水柱状图模型演示仪

### 一、工具／材料

30cm×50cm 木板 1 块、5cm×5cm×20cm 木条 2 根、可调试试管（含木塞）12 支、12 孔试管架、尺子、水、颜料、黑色油性笔、白纸、固体胶、白乳胶等。

### 二、前期准备

分小组进行制作，4—6 人为一小组。

### 三、活动步骤

1. 将 30cm×50cm 木板擦拭干净，用固体胶把一张 A3 白纸贴在木板上。

2. 用尺子测量，在木条上画出适当的刻度，一根木条画上气温刻度，单位用℃表示，另一根画上降水量，单位用毫米表示。

3. 用白乳胶把 2 根 5cm×5cm×20cm 木条固定在木板左右两侧，两木条间距离需能放下一排 12 孔试管架。

4. 根据具体的某一种气候类型，画出该种气候类型的气温曲线。

5. 把 12 孔试管架固定在两根木条之间，并把 12 根试管插入到试管架中，摆放好。

6. 在试管底部标注好 12 个月份。

7. 调试颜色（可调成任意颜色），然后把调好颜色的颜料倒入准备好的水中。

8. 根据具体的某一种气候类型，将适量的有颜色的水倒入到每根试管中。

# 第六节 微景观生态瓶制作

## 微景观生态瓶

　　微景观生态瓶，是用苔藓植物和蕨类植物等生长环境相近的植物，搭配各种造景小玩偶，运用美学的构图原则组合种植在一起的新型桌面盆栽。在社团课中动手制作微景观生态瓶，学生可提高自己的审美观念和实践操作能力。

## 活 动

### 一、工具／材料

　　玻璃容器（或塑料瓶）、苔藓、水苔（或其他生长环境相近的植物）、装饰砂、蓝沙、公仔、喷水瓶、小铲子、镊子等。

## 二、前期准备

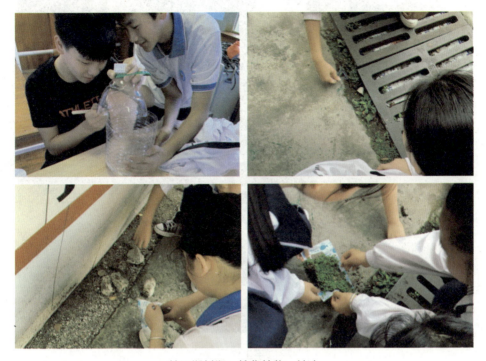

剪切塑料瓶；搜集植物、沙土

## 三、制作步骤

1. 把玻璃容器清洗干净，或剪切塑料瓶，留有瓶底的部分。

2. 在容器底部铺上一层隔水砂石，铺平。

3. 将收集到草甸或苔藓均匀铺在隔水层上面，喷水湿润，然后用手轻轻压实。

4. 加入种植土，调整坡度，前景部分的种植土用于固定苔藓，不要太厚，背景部分的种植土大概是前景部分的三倍。

5. 把收集到的植物插入种植土中，注意从美观的角度考虑，插入植物的高低摆放。

6. 将摆件道具放入容器合适的位置，并固定好。

7. 用装饰砂填充苔藓之间的空隙，砂子高度不能超过苔藓；依次加入细砂、鹅卵石等。

8. 还可放入公仔或其他摆件，并且给微景观中的土壤洒水，使其保持湿润。

学生作品

### 微景观生态瓶日常养护小知识

　　光照：苔藓需在室内的散射光下养殖，不能直射中午的烈日，可偶尔晒一下清晨或傍晚的阳光，这样能起到杀菌的作用。

　　浇水：苔藓是直接靠叶面吸收水分的植物，每次浇水用喷壶均匀喷湿叶面即可，生态瓶底部不宜长时间大量积水，浇水的原则为苔藓喷表面，植物浇根部。

　　温度：苔藓在任何温度下都可以生存，但是适合苔藓生长的最佳温度在5–28℃之间，湿度在80%左右。

　　土壤：虽然微景观中的苔藓对土没有要求，但还是建议用培养土，因为此土不易发霉。

# 第七节　"鱼菜共生"模型制作

## "鱼菜共生"

"鱼菜共生"是一种新型的复合耕作体系，它把水产养殖与水耕栽培这两种原本完全不同的农耕技术，通过巧妙的生态设计，达到科学的协同共生，从而实现养鱼不换水而无水质忧患，种菜不施肥而正常成长的生态共生效应。

### 阅读

### "鱼菜共生"小知识

"鱼菜共生"生态循环体现在养鱼产生的排泄物，通过硝化菌转化为养分给植物吸收，吸收干净的水体又流回鱼池养鱼。

### 自证清白

因为鱼菜共生系统中有鱼存在，任何农药都不能使用，稍有不慎会造成鱼和有益微生物种群的死亡和系统的崩溃。

### 无土栽培

避免了土壤的重金属污染，因此鱼菜共生系统蔬菜和水产品的重金属残留都远低于传统土壤栽培。

### 带根配送

渔耕田鱼菜共生物农场的蔬菜都是带着漂亮的水生根配送，消费者很容易识别蔬菜的来源。

制作"鱼菜共生"模型正是为了让学生亲自感受这种生态共生与循环的过程。

## 活　动

### 一、工具 / 材料

种植栏、储水盘、水缸、虹吸罩、电源适配器、水泵套件、陶瓷生物球、陶粒、硝化菌、活性炭、鱼乐宝、育苗纱布、芽苗菜种子、过滤棉、水草、白沙石、鱼缸小布景等。

### 二、前期准备

学生需要自带水草、白沙石、鱼缸小布景和鱼若干条。

### 三、制作步骤

1. 将水缸清洗干净并晾干。

2. 分别用清水多次清洗陶粒和白沙石，清洗后沥干。

3. 将白沙石放进水缸，铺平，厚度约 3—5cm。

4. 倒入适量清水，约淹没过铺平的白沙石 3—5cm.

5. 在铺平的白沙石上放置自带的树枝、水草和其他鱼缸小布景。（注意：树枝、水草和鱼缸小布景都要经过多次清洗才能放入水缸中）

6. 倒入清水，水需盖过水缸里的树枝、水草和其他鱼缸小布景。

7. 放进小鱼 1—3 条。

8. 将水泵装到储水盘底部，然后把储水盘装到缸体，并安装上水口弯头。

9. 把竹炭包清洗干净，把活性炭放入储水盘。

10. 把鱼乐宝、硝化菌半粒先后放入储水盘。

11. 安装虹吸钟罩，放入过滤棉，把生物珠放入钟罩周围。

12. 把清洗干净的陶粒放入储水盘。

13. 放上育苗网格盘。（种芽苗菜可以不用陶粒）

14. 接通电源，开始上水，开始潮汐式虹吸。

15. 芽苗菜种子需浸泡（各种子浸泡时间不同），浸泡后把种子铺到网格盘，盖上育苗纱布，每天喷水 3—5 次，其间不要阳光直晒，2—4 天开始发芽，出芽 2cm 后去掉纱布。

# 第三章

玩转地理：探寻地理文化

# 第一节　探秘中国的八大菜系

## 中国八大菜系

　　中国的菜系，是指在一定区域内，由于气候、地理、历史、物产及饮食风俗的不同，经过漫长历史演变而形成的一整套自成体系的烹饪技艺和风味，并被全国各地所承认的地方菜肴。八大菜系是鲁、川、粤、苏、闽、浙、湘、徽菜的合称。

　　这节课我们将从地理的角度出发，一起来探讨中国八大菜系与地理环境之间的关系。

川菜：麻辣香锅

鲁菜：九转大肠

粤菜：白切鸡

湘菜：剁椒鱼头

苏菜：松鼠桂鱼

浙菜：东坡肉

徽菜：花鼓蹄膀

闽菜：佛跳墙

## 活　动

### 活动一：探秘中国八大菜系

请同学们以小组为单位，上网或到图书馆搜索、查阅资料，完成表格：

| 菜系 | 分布地区 | 风味特点 | 经典菜品<br>（用图片展示） | 受地理环境的影响<br>（从气候、地形、物产、饮食习惯、风俗等角度分析） |
|---|---|---|---|---|
| 川菜 | | | | |
| 苏菜 | | | | |
| 鲁菜 | | | | |
| 粤菜 | | | | |
| 浙菜 | | | | |
| 闽菜 | | | | |
| 徽菜 | | | | |
| 湘菜 | | | | |

### 活动二：学做一道菜

请同学们以小组为单位，学做中国八大菜系中的任意一道菜，然后集中品尝、点评。

# 第二节　探秘中国传统民居

## 中国传统民居

中国历史悠久，疆域辽阔，自然环境多种多样，社会经济环境不尽相同。在漫长的历史发展过程中，逐步形成了各地不同的民居建筑形式，这种传统的民居建筑深深地打上了地理环境的烙印，生动地反映了人与自然的关系。

这节课我们要探讨的是中国传统民居与地理环境之间的关系。

## 活 动

**活动一：分小组搜集中国传统民居的相关资料及图片，完成表格。**

| 民居名称 | 分布地区 | 建筑特点 | 建筑图片展示 | 受地理环境的影响（从气候、地形、河流、历史、民族风俗、自然灾害等角度分析） |
|---|---|---|---|---|
| 窑洞 | | | | |
| 四合院 | | | | |
| 骑楼 | | | | |
| 土楼 | | | | |
| 围龙居 | | | | |
| 碉房 | | | | |
| 干栏式竹楼 | | | | |
| 阿依旺 | | | | |
| 蒙古包 | | | | |

**活动二：画一画**

请同学们以小组为单位，绘画出你心中的最美传统民居。然后展示、点评、投票，选出最美作品。

# 第三节　城市垃圾分类

## 城市垃圾分类

2019年7月1日起,《上海市生活垃圾管理条例》正式实施:如果个人没有将垃圾分类投放最高罚款200元人民币,单位混装混运最高罚款5万元人民币。

厨余垃圾　可回收物　其他垃圾　有害垃圾

垃圾分类,去掉能回收的和不易降解的物质,减少垃圾数量达50%。

废弃电池含有金属汞镉等有害物质,土壤中的废塑料会导致农作物减产。垃圾分类可以有效减少污染。

1吨废塑料可炼600千克的柴油,1吨废纸可生产好纸800千克,可以少砍17棵大树,并减少35%的水污染。因此,垃圾分类可以使垃圾得到循环利用,实现垃圾资源化。

## 如何进行垃圾分类

一般将垃圾分为四大类,可回收垃圾、有害垃圾、厨余垃圾和其他垃圾。

可回收物　　　　有害垃圾　　　　厨余垃圾　　　　其他垃圾

## 阅读

### 垃圾分类小知识

可回收垃圾：可以再生循环的垃圾。

报纸　　金属厨具　　玻璃瓶　　塑料饮料瓶

有害垃圾：存有对人体健康有害的重金属、有毒的物质或者对环境造成现实危害或者潜在危害的废弃物。

废电池　　废弃油漆桶　　过期药品

厨余垃圾：居民日常生活及食品加工、饮食服务、单位供餐等活动中产生的垃圾。

菜梗菜叶　　剩菜剩饭　　蛋壳

其他垃圾：危害较小，但无再次利用价值。

烟头　　餐巾纸　　陶瓷制品

## 活　动

## 校园垃圾分类宣传活动

### 一、工具 / 材料

4 个同样大小的纸箱、桌子、椅子、宣传海报、小奖品等。

### 二、前期准备

1. 收集各种垃圾。

2. 制作垃圾分类知识小传单和宣传海报。

### 三、活动步骤

1. 社团成员们在校园派发垃圾分类知识传单，进行垃圾分类知识宣传讲解。

2. 学生从海报或传单中了解垃圾分类知识后，可参加垃圾分类知识小竞赛。

3. 在学校一楼大厅摆放好4个贴有"可回收垃圾""有害垃圾""厨余垃圾""其他垃圾"字样的同样大小的纸箱。

4. 让同学把手上领到的垃圾分类投放到对应的纸箱中。

# 第四节 我是小导游

## 活 动

### "我是小导游"旅游线路设计

**一、前期准备**

1. 教师准备：如何当导游的小视频，放鸡岛自然风光的录像，中国第一滩自然风光的录像。

2. 学生准备：上网搜集放鸡岛和第一滩的简介。

**三、活动步骤**

1. 观看视频——如何当一名好导游。

2. 小组讨论，思考问题：

　(1) 当导游要做哪些事情？

　(2) 应该如何向游客介绍景观？

　(3) 在介绍的过程中应该注意什么问题？

3. 观看视频：放鸡岛和第一滩自然风光的有关录像。

4. 小组竞赛，争当小导游：

比赛要求：给15分钟让同学们做好准备工作，然后通过小组竞赛的形式，并结合录像，让学生当这两个景点的导游。

5. 小组相互点评、投票，选出冠、亚军导游团。

# 第五节　地理手抄报制作

## 活　动

### 一、前期准备

1—2 张 8 开白色硬板纸、水彩笔、铅笔、尺子、上网搜集相关的地理资料。

### 二、活动步骤

1.教师布置学生分组完成一份地理手抄报的制作任务。内容自定。

2.指导学生分组，2—3 个同学为一组。

3.学生开始制作手抄报。小组成员之间相互讨论手抄报的版面设计与内容安排。讨论结束后，小组成员分工合作。

4.各个小组按照手抄报的制作步骤，分工合作，完成手抄报：

(1) 设计标题的样式；

(2) 完成版面设计；

(3) 画好或粘贴相关的图案；

(4) 筛选能够充分展示主题的内容并抄写上去；

(5) 写上制作者的名字。

5.作品展示，相互点评、交流作品。

# 第四章

## 玩转地理：探秘海洋

# 第一节　探秘神秘的海洋

**世界海陆分布**

我们生活在地球上，有人却喜欢把地球称为"水球"。从地球卫星照片来看，地球大部分被海洋包围。人们常用"七分海洋、三分陆地"粗略地说明全球海洋和陆地面积的比例。

**我国的海岸线**

我国的海岸线全长 1.8 万多千米，根据《联合国海洋法公约》的规定我国管辖着约 300 万平方千米的海域。

**中国海岸线**

广东的海岸线长达 4114 公里，是我国海岸线最长的省份。

我国主张管辖的海域面积约 300 万平方千米。

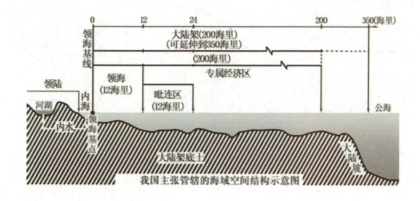

我国主张管辖的海域空间结构示意图

## 我国周边海洋安全

　　我国地处亚欧大陆东部，海岸线总长 1.8 万多千米，拥有漫长的海岸和 6500 多个岛屿。根据《联合国海洋法公约》，应该划归我国管辖的海洋国土共计约 300 多万平方千米。我国是一个沿海大国，但由于种种原因，海洋国土却屡遭侵犯，至今仍悬而未决。

# 第二节　探秘中国的海洋资源

　　海洋是生命的摇篮,风雨的故乡,气候的调节器,交通的要道,资源的宝库。海洋是人类可持续发展的重要基地,海洋是人类共同的希望。有人称海洋为"天然的蛋白质仓库""乌金储存库""盐类的故乡""能量的源泉"。

**丰富的海洋资源**

**丰富的生物资源**

**阅读**

## 中国四大海产

中国的海洋生物资源丰富，种类有 2 万多种，其中鱼类 3000 多种，主要经济鱼类 70 多种。大黄鱼、小黄鱼、带鱼和乌贼是中国著名的四大海产。

中国海水养殖业发展迅速，海水养殖产量占海洋水产品产量的 1/3 以上，主要品种有海带、紫菜、虾、扇贝、牡蛎、鲍鱼等。

中国海洋渔场在世界上占据重要地位，其中大陆架渔场几乎占世界已开发大陆架渔场面积的 1/4。黄渤海渔场、舟山渔场、南海沿岸渔场和北部湾渔场是中国的四大渔场，其中舟山渔场最大。

舟山渔场的形成原因主要有东海大陆架广阔，光照、养分充足；有长江水流入，带来了大量养分；位于我国暖温带和亚热带交界处，水温适中。

舟山渔场的渔港

**丰富的矿产资源**

中国海洋石油资源非常丰富。中国近海蕴藏有大量的石油和天然气，而且不断有新的油气田被发现。中国滨海砂矿储量十分丰富，具有工业开采价值的海洋矿产资源有锆石、钛铁矿、金红石、石英砂等。

**阅读**

## 可燃冰

中文名称：天然气水合物

其他名称：可燃冰

定义：天然气与水在高压低温条件下形成的类冰状结晶物质。天然气水合物是分布于深海沉积物或陆域的水久冻土中，由天然气与水在高压低温条件下形成的类冰状的结晶物质。因其外观象冰一样而且遇火即可燃烧，所以又被称作"可燃冰"或者"固体瓦斯"和"气冰"。

**丰富的化学资源**

从海水中提取海盐和钾、镁、溴、碘等化学元素，是中国开发利用海洋化学资源的主要方式。

## 活 动

海水晒盐依靠自然蒸发，受气候的影响很大。找出长芦、淮北、布袋、莺歌海盐场，说一说这些地点成为盐场的有利气候条件。

### 丰富的空间资源

海洋空间资源是指与海洋开发利用有关的海岸、海上、海中和海底的地理区域的总称。包括海运、海岸工程、海洋工程、临海工业场地、海上机场、海流仓库、重要基地、海上运动、旅游、休闲娱乐等。

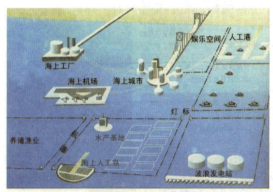

未来海洋空间利用示意

# 第三节　海洋资源利用及保护

　　我国的海洋面积广阔，海洋资源丰富多样，近年来，随着我国经济的发展以及科学技术的进步，对海洋资源的开发与利用力度逐渐增大。而在海洋资源的开采与利用过程中，对于海洋环境的破坏也日益增加。

　　这节课我们一起来探讨我国如何对海洋资源进行开发利用，在开发利用过程中对海洋造成了哪些破坏，我们又如何对海洋环境与资源进行有效的保护。

## 活 动

### 开发利用对海洋资源与环境的破坏

1.思考：看图分析开发利用对海洋资源与环境造成了哪些破坏？

2.请同学们以小组为单位，上网搜索并收集你知道的破坏海洋资源的照片和案例，并思考我们应该怎样保护海洋资源。将每小组搜集到的资料及讨论的结果以报告的形式进行展示。

## 世界海洋日

联合国于第63届联合国大会上将每年的6月8日确定为"世界海洋日"（World Oceans Day）。前联合国秘书长潘基文就此发表致辞时指出，人类活动正在使海洋世界付出可怕的代价，个人和团体都有义务保护海洋环境，认真管理海洋资源。2009年联合国将首个世界海洋日的主题确定为"我们的海洋，我们的责任"。2019年世界海洋日的主题是"珍惜海洋资源，保护海洋生物多样性"。

# 第四节　海底世界与深海探秘

## 浅海与深海

　　水深在 200 米以内的海域我们通常称之为浅海，超过 200 米的，我们称之为深海。

### 阅读

#### 深海的环境特点

　　高压、底层水流速缓慢、无光、水温低，平均为 1—3℃，最低可达 -1.8℃、盐度高、氧含量较低、沉积物多，且多为软泥和黏土。

　　在 1000m 以下的深海，完全没有太阳光，仅有少量的生物发光和同位素产生的射线。在深海的热液喷口处有特殊的高温区域存在。

## 深海里的生物

　　生活在水深超过 1000 米处的海洋生物，包括微生物、无脊椎动物和鱼类等。通常认为随着水深的增加，水生动物的数量会急剧减少，实践证明这种规律在许多海区是存在的，但并非绝对化，在世界海洋的一些深海区有形成鱼类高度集群的生物基础。并且在深海的热液喷口处有以化能自养细菌为初级生产者的生物群落存在，其中大部分是特有种。

　　深海生物按其生活方式可分为浮游、游泳和底栖三大类。

## 活 动

### 活动一：深海生物知多少？

| 名称 | 代表性生物 | 特征 | 图片 |
|---|---|---|---|
| 浮游生物 | | | |
| 游泳生物 | | | |
| 底栖生物 | | | |

### 活动二：动动手

请同学们以小组为单位，制作你最喜欢的深海生物模型，并展示，小组间进行点评。

### 活动三：课后探究

你所在的城市有海洋馆或者海洋主题公园吗？请到当地海洋馆或者海洋主题公园进一步了解海洋世界，并拍照和小组同学分享。

### 人类对深海的探测

深海，顾名思义，与浅海相对应，它包括海床、底土及上覆水体，是一个连接世界各大陆、具有复杂法律属性的巨大空间。

深海科考，就是通过一定的技术手段和技术装备，对深海的海洋物理、海洋生物、海洋化学、海洋地质等自然属性进行科学调查，以获得深海科学数据的过程。

中国蛟龙号

## 活 动

### 活动一：观看视频

播放中国深海探测获取的成绩，让同学们感受到国家海洋科技的发展，真切理解我国的海洋梦、中国梦，为祖国的日益强大感到骄傲。

### 活动二：制作手抄报

以小组为单位，搜集中国深海探测成就的案例，以手抄报的形式绘制出来，并展示，小组间进行点评。

# 第五章
## 玩转地理：探索本土区域地理

# 第一节　校园植物地理研学

## 校园植物地理研学

　　在地理学科中，植物地理学包括的范围甚广，由于受实际情况的影响，在社团活动中进行校园植物地理研学，主要目的在于让同学们了解到更多关于植物方面的知识，其中包括如何观察植物的名称、结构、形态与生长习性，进一步从地理学角度分析地理环境对植物的结构、形态与生长习性的影响。希望这次研学能够提高我们野外识别植物的能力，培养我们的科学探究能力，从而更好地贯彻地理课程标准的理念，此外还能为学校调查清楚校园的植物资源提供一些资料。

## 活　动

### 一、工具／材料

观察记录表、笔、卡纸、手机等。

### 二、前期准备

1. 分小组进行活动，每小组7—8人。

2. 准备好 3—5 张卡纸（A4 大小）。

3. 提前搜集关于植物的一些专业知识。

4. 每小组准备好 1—2 部手机，并下载好"形色"软件。

### 三、活动步骤

1. 在地理活动室集中，分组并讲解注意事项。

2. 老师带领学生来到校园，讲解观察植物的方法与内容：从根、茎、叶、花、果实这几方面去观察植物。

3. 以 7—8 人为一小组，分工合作：

（1）从外表观察植物：茎的形态；叶子的颜色、边缘、形状、生长状态；花的颜色、形状、花期等。

（2）把观察结果写进观察表中。

（3）打开"形色"软件，查找观察植物的相关专业知识。

（4）修改观察表中的内容。

4. 各小组汇报观察结果，进行相互点评交流。

5. 课后作业：关于校园植物的手抄报或制作植物卡。

附：校园植物调查表

| 校园植物调查表 | | | |
|---|---|---|---|
| 小组名称 | | 小组成员 | |
| 中文学名 | | | |
| 别称 | | | |
| 科 | | | |
| 分布区域 | | | |
| 形态特征 | | | |
| 地理分布 | | | |
| 分析与环境的关系 | | | |

# 第二节　水东湾海洋公园红树林研学

## 水东湾海洋公园

　　水东湾海洋公园位于茂名市电白区水东湾南海半岛北侧坡园石坝地段，于2018年免费开放，有着碧海蓝天、红树白鹭自然景观，主要分为池塘湿地游览区、红树林观赏区等。

　　公园以一个环形的滨海栈道为游览主线，栈道时而穿梭在水网密布的红树林里，时而沿着视野开阔的海边延伸，并在其间布置休憩节点、科普教育节点、景观桥、廊架和瞭望塔等景观和观景设施。

　　由于这里的红树林面积较广，种类较多，因此蓝色海洋社团把这里作为红树林生长特性与生态效益的研学地点。

## 红树林

　　茂名市红树林资源丰富，主要生长的红树林品种有：拉关木、无瓣海桑、白骨壤、秋茄、红海榄、桐花树、海漆等。

　　本次研学我们主要探究的是红树林的四种生长特性：泌盐现象、胎生现象、支柱根、呼吸根。

## 活 动

茂名市水东湾红树林生态地理研学方案

| 研学主题 | 研学问题 | 研学活动 | 研学任务 | 研学流程 |
|---|---|---|---|---|
| 水东湾红树林生态探究 | 1.水东湾海洋公园的红树林有什么品种？ | 查阅红树林的相关资料，根据所见所闻，找出该区域不同的红树林品种。 | 学会辨认该区域不同的红树林品种，了解该地区以哪个红树林品种为主，采摘标本、拍照。 | 1.研学前培训（基本知识介绍、PPT制作指导、资料收集）（师生合作）。 2.分组并确认小组分工（自主完成） 3.现场研学实践（自主完成）。 4.完成研学活动报告（自主完成）。 5.分享成果（研学汇报）（自主完成）。 6.评价总结（师生合作）。 |
| | 2.红树林有什么生态特征？ | 查找相关资料，拍摄红树林照片，结合所学知识，思考并总结红树林的三种生态特征。 | 寻找红树林生长的三大特征（胎生现象，呼吸根，泌盐现象）的样本，拍照留底，采摘标本，观察具体表现，并探究其生长特性及自然地理条件。 | |
| | 3.红树林有哪些效益？ | 思考并讨论红树林存在的生态、环境与经济效益。 | 以小组为单位，探究红树林对该地区带来的生态、环境与经济效益，将讨论结果进行归纳整理，汇总成PPT报告，在班级内进行交流分享。 | |

## 一、工具 / 材料

手机或相机、帽子、水壶、铅笔、签字笔、图画本（或者素描本）。

## 二、前期准备

1. 分小组进行研学，4 人为一小组。

2. 利用网络、书籍，查阅电白水东湾海洋公园的相关资料，红树林的生态功能和生态效益。

3. 学习简易 PPT 的制作方法。

## 三、研学步骤

1. 四人为一组，在指导老师的指导下，对电白水东湾海洋公园进行实地考察，拍照取证。

2. 将研学成果制作成 PPT 进行展示与汇报。

附：

## 一、茂名水东湾海洋公园红树林研学任务卡

必做题：

1. 找出红树林生长的三大特征（胎生现象，呼吸根，泌盐现象），要求拍照取证，在下午的汇报 PPT 中用图文结合的形式说明各自的特征。

2. 找出能证明红树林效益的证据（如生态效益类，海岸保护类……），要求拍照取证，在下午的汇报 PPT 中用图文结合的形式呈现。

3. 找出该区域不同的红树林品种，并了解该地区以哪个红树林品种为主，在下午的汇报 PPT 中用图文结合的形式呈现。

选做题：

请以小组为单位，发现水东湾海洋公园开发过程中存在的问题并且提出改进的建议。

演示文稿及汇报要求：

1. 汇报幻灯片不超过 15 张，展示考察成果。

2. 汇报时需简要说出参加本次研学活动的感想体会。

3. 每组展示、汇报 7 分钟，答辩 3 分钟，共 10 分钟。

## 二、茂名水东湾海洋公园研学活动评分方案

| 序号 | 得分项目 | 总分值 | 得分 |
|------|---------|--------|------|
| **必做题（总分 60 分）** | | | |
| 1 | 找到红树林三种生态特征（胎生现象，呼吸根，泌盐现象）的证据（图片或者实物）每一项可得 5 分，最高分为 20 分 | 20 | |
| 2 | 证明红树林效益的证据(如生态、防风、促淤、药用等)，每找到一项证据（图片或实物）可得 5 分，最高分为 20 分 | 20 | |
| 3 | 找到 3 种或以上不同的红树林品种，最高可得 10 分，2 种得 6 分；并说明该地区以哪个红树林品种为主，正确可得 10 分 | 20 | |

| 序号 | 得分项目 | 优 | 良 | 中 | 得分 |
|------|---------|-----|-----|-----|------|
| **选做题（总分 40 分）** | | | | | |
| 1 | 设计思路清晰、美观，具有可行性 | 20 | 15 | 10 | |
| 2 | 语言表达 | 10 | 6 | 3 | |
| 3 | PPT 制作 | 5 | 4 | 3 | |
| 4 | 答辩 | 5 | 4 | 3 | |

# 第三节　晏镜岭海岸地貌研学

## 晏镜岭

　　晏镜岭风景区位于广东省茂名市电白区中国第一滩旅游度假区以西约4千米处。这里有较典型的海岸侵蚀地貌和海岸堆积地貌。蓝色海洋社团组织社团成员们到晏镜岭进行为期一天的海岸地貌研学旅行。研学内容主要是晏镜岭的海岸地貌调查。旨在拓宽同学们的知识面，获取新的地理知识，并巩固已学知识。

## 海岸地貌

　　从海岸地貌的基本特征可分为两大类：海岸侵蚀地貌和海岸堆积地貌。

### 海岸侵蚀地貌

　　岩石海岸在波浪、潮流等不断侵蚀下所形成的各种形态。主要有海蚀洞（穴）、海蚀崖、海蚀平台、海蚀柱等。这类地貌又因海岸物质的组成不同，被侵蚀的速度及地貌的发育程度也有差异。

### 海岸堆积地貌

海岸带的沉积物在波浪、水流作用下，发生横向或者纵向运动，当沉积物运动受阻或波浪水流动力减弱时，即发生堆积，形成各种海积地貌。按堆积体形态与海岸的关系及其成因，可分为毗连地貌、自由地貌、封闭地貌、环绕地貌和隔岸地貌。按海岸物质的组成及其形态，可分为沙砾质海岸、淤泥质海岸、三角洲海岸、生物海岸等地貌。晏镜岭的海岸堆积地貌主要属于沙砾质海岸地貌。

### 阅读

### 沙砾质海岸地貌

沙砾质海岸地貌发育于岬角、港湾相间的海岸，由被侵蚀的物质经沿岸流输送堆积而成。波浪正交海岸传入时，水质点做向岸和离岸运动，但两者的距离不等，导致泥沙向岸和离岸运动。这种横向的泥沙运动，形成近岸的泥沙堆积体，它们由松散的泥沙或砾石组成，构成了沙滩以及与岸线平行的沿岸沙堤、水下沙坝等一系列堆积地貌。波浪斜向到达海岸时，沿岸流所产生的沿岸泥沙纵向输移，使海岸物质在波能较弱的岸段堆积，形成一端与岸相连、一端沿漂沙方向向海伸延的狭长堆积体，称为海岸沙嘴；若沙砾堆积体形成于岛屿与岛屿、岛屿与陆地之间的波影区内，使岛屿与陆地或岛屿与岛屿相连，称为连岛沙洲；在一些隐蔽的沙质海岸上，有与岸平行或有一定交角的沙脊和凹槽相间的地形，构成脊槽型海滩。

## 活 动

### 观察、探究晏镜岭海岸地貌

#### 一、工具 / 材料

手机或相机、帽子、水壶、样本盒（采于采集样本）。

#### 二、前期准备

1. 分小组进行研学，4 人为一小组。

2. 利用网络，书籍，查阅晏镜岭的相关资料，了解海岸地貌的成因、类型。

#### 三、研学步骤

1. 听老师讲解海岸地貌成因、分类、辨认、特征等。

2. 四人为一组，在指导老师的指导下，对晏镜岭进行实地考察，拍照取证，采集海岸岩石和沙砾样本。

3. 将研学成果制作成 PPT 进行展示与汇报。

#### 附一、茂名晏镜岭海岸地貌研学任务卡

必做题：

1. 以小组为单位，对晏镜岭的海岸侵蚀地貌（如海蚀洞 / 穴、海蚀崖、海蚀柱……） 进行实地考察，拍照取证，采集岩石样本，在下午的汇报 PPT 中用图文结合的形式说明各自的特征。

2. 以小组为单位，观察晏镜岭的海岸堆积地貌特征，采集沙砾样本，结合资料判断其类型，并说明理由，在下午的汇报 PPT 中用图文结合的形式呈现。

选做题：

根据你们组对晏镜岭的考察，结合当地实际情况，设计出晏镜岭生态旅游规划方案。

演示文稿及汇报要求：

1. 汇报幻灯片不超过 15 张，展示考察成果。

2. 汇报时需简要说出参加本次研学活动的感想体会。

3. 每组展示、汇报 7 分钟，答辩 3 分钟，共 10 分钟。

## 二、茂名水东湾海洋公园研学活动评分方案

| 序号 | 得分项目 | 总分值 | 得分 |
|---|---|---|---|
| **必做题（总分 60 分）** | | | |
| 1 | 海岸侵蚀地貌（如：海蚀穴、海蚀崖、海蚀柱、海蚀阶地等），每找到一项（图片或实物）可得 10 分，最高分为 30 分 | 30 | |
| 2 | 判断海岸堆积地貌类型并说明理由（类型判断正确得 10 分，说出理由且正确可得 20 分） | 30 | |

| **选做题（总分 40 分）** | | | | |
|---|---|---|---|---|
| 得分项目 | 优 | 良 | 中 | 得分 |
| 1 | 设计思路清晰、美观，具有可行性 | 20 | 15 | 10 | |
| 2 | 语言表达 | 10 | 6 | 3 | |
| 3 | PPT 制作 | 5 | 4 | 3 | |
| 4 | 答辩 | 5 | 4 | 3 | |

# 第四节 露天矿区生态研学

## 露天矿生态公园

茂名露天矿生态公园位于广东省茂名市区西北角，距离市区红旗北路直线距离约 800 米，原为茂名露天矿采矿场。

### 阅读

#### 露天矿区的"前世今生"

前世：1958 年，来自五湖四海的十几万建设大军与茂名人一起，靠着"锄头、簸箕、水腰带"三大件，靠着肩挑手提板车拉，在茂名打响了"挖岩取火"的大会战。他们在聚集人力开矿挖岩的同时，又建起了一座小型的试验炉，进行油母页岩提炼原油试验，接着兴建了大型干馏炉和热烈而蓬勃的发展。茂名石化产业也正是在此基础上不断发展，直到如今成为中国石化产业的龙头。

今生：茂名市露天矿生态公园建设，已成为茂名市绿色发展的里程碑。目前，公园主要由一个水面约 6 平方千米，蓄水量为 1.6 亿立方米的矿湖和约 8000 亩生态林地组成，糅合了山水园林以及工业遗迹特色：公园已获批国家矿山公园资格，正朝着"国家 5A 级风景区"的建设目标迈进。

"前世"　　　　　　　　　　"今生"

## 露天矿博物馆

露天矿博物馆共有"城市记忆"油页岩与茂名的崛起、石化科普、建市 60 周年成就展三个展厅。回眸茂名市露天矿砥砺前行的足迹，感受历久弥新的矿业文化，对学生了解乡土地理，继承艰苦创业、自强不息的奋斗精神有重要作用。

### 露天矿的矿物与岩石

广东茂名地区已探明的油页岩储量就有 70 多亿吨。油页岩外观多呈褐色泥岩状，主要由石英、高岭土、黏土、云母、碳酸盐岩以及硫铁矿等组成。

高岭土是由高岭石族黏土矿物为主的黏土和黏土岩组成的。多无光泽，质纯时颜白细腻，含杂质时可带有灰、黄、褐等色。外观依成因不同可呈松散的土块状及致密的岩块状。

油页岩

高岭土

## 活　动

### 一、工具 / 材料

笔记本、笔、水壶、照相机、地质锤、样本盒（瓶）、铁锹、pH 试纸。

## 二、前期准备

1. 野外实践教学之前，召开所有参与实习的师生的实习动员大会，介绍实习区域的基本情况、野外实习准备、需提前参阅的资料、野外实践教学的评价体系与相关纪律要求等。

2. 配有分管的地理老师等组成的管理队伍，负责师生安全保障及教学过程的实施。

3. 学生按照4—6人进行分组，每个小组设有组长，负责本组同学的野外实习组织、野外分工、团队协作、仪器保管、小组考核、联系师生和实习成果收集等。

4. 研学时间为一天。

## 三、研学步骤

1. 参观露天矿博物馆。

2. 考察矿物与岩石：

（1）参观油页岩开采示范基地，收集并观察油页岩样本，了解油页岩的组成、性质及其对茂名市建设发展的巨大影响。

（2）收集高岭土样本，了解高岭土的属性与作用，以及经济价值。

3. 调查水的酸碱性：通过收集矿坑中的水样，使用pH试纸测试水的酸碱性，分析矿坑水对鱼类及周围植物生长的影响。

4. 小组完成调查报告。

## 四、研学线路

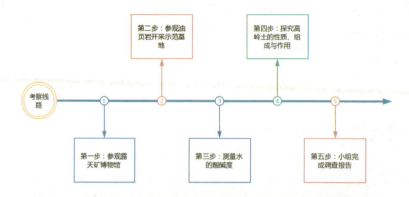

# 第五节 小东江土壤与水文研学

## 小东江

小东江源头为广东省茂名市境内的高州水库（长坡水库），奔淌于峻岭之间，最后在湛江吴川和鉴江汇合，汇入大海。

小东江是一条孕育着茂名水土与人文的母亲河。小东江从高州顺流而下，纵贯茂名市区（中心城区）及茂南区六个镇。穿城而过的小东江作为茂名市的母亲河，在茂名人的心中有着不可替代的位置，承载着几代人的记忆。

本课程设计旨在通过实地研学，让学生感受家乡主要地理事物的变迁及其原因，了解家乡的发展规划，关注家乡的未来发展，树立建设家乡的志向。

## 小东江土壤和水文概况

小东江流域的土壤以砖红壤、红壤、水稻土为主。

从流量、含沙量、流速、汛期、枯水期等方面去探究小东江的水文特征。利用所学地理知识，从气候、地形等方面分析小东江水文特征的形成原因。

## 阅读

### 土壤研究方法

（1）土壤剖面的观察与描述：剖面的规格一般为长1.5m，宽0.8m，深1.2m。挖掘土壤剖面要使观察面向阳，表土和底土分两侧放置。

（2）判断方法

颜色：门赛尔比色卡；

质地：搓揉法；

结构：肉眼观察；

松紧度：取土样时判断；

干湿度：手捏法；

根系、新生体及侵入体：肉眼观察。

## 活　动

### 一、工具／材料

1. 工具类：铁锹、铁铲、圆状取土钻、螺旋取土钻、竹片以及适合特殊采样要求的工具等。

2. 器材类：GPS、罗盘、照相器材、卷尺、铝盒、样品袋、瓶、样品箱等。

3. 文具类：样品标签、采样记录表、铅笔、资料夹等。

4. 天然河道流速监测仪、水位标尺、烧杯、试管、多功能的水文工具箱等。

### 二、前期准备

1. 野外实践教学之前，召开所有参与实习的师生的实习动员大会，介绍实习区域的基本情况、野外实习准备、需提前参阅的资料、野外实践教学的评价体系与相关纪律要求等。

2. 配有分管领导、班主任老师、任课老师等组成的管理队伍，除负责必要的后勤保障外，还在实践中负责教学过程和教学效果的监控，负责平时教学管理过程学生成绩的评定。

3. 学生按照5—10人左右进行分组，每个小组委任有组长和副组长，负责本组同学的野外实习组织、野外分工、团队协作、仪器保管、小组考核、联系师生和实习成果收集等。

### 三、研学步骤

1. 土壤研究：

（1）挖掘土壤剖面，观察土壤特征，进行土壤剖面观察记录。

（2）采集土壤样本。

（3）观察小东江两岸土壤有效利用和改造的情况。

2. 水文研究：

（1）分析小东江的水文特征。（流量、含沙量、流速、汛期、枯水期……）

（2）在小东江两岸多个地点处采集水体样本，观察水体特征。（水体颜色、味道、酸碱度……）

3. 小组完成调查报告。

### 四、研学线路

研学线路图

# 第六节　水土流失实验演示

## 水土流失

　　水土流失是我国当前面临的主要环境问题之一。其中，以黄土高原的水土流失最为典型。初中地理课本中以黄土高原为例，介绍了该区域存在的主要环境问题，从自然原因和人为原因两个方面分析了该区水土流失的原因。

　　黄土高原距离我们当地较远，学生对此区域比较陌生，若只按课本上的文字进行教学，学生会感到无趣且不容易理解，知识的实用性也不强，因此，本节活动课采取了实验教学的方法，让学生通过亲自操作实验，深入了解水土流失形成的原因，从而探究水土流失问题的治理措施。

## 活　动

### 一、前期准备

1.学生按照4—6人进行分组实验。

2.每组收集实验材料：两种沙土（松散的泥沙和黏性较好的黏土）、一块生长有植物的泥土、若干个矿泉水瓶。

## 二、实验步骤

1. 根据要求进行实验，并完成表格内容。

| 情景 | 实验内容 | 观察到什么现象 |
|---|---|---|
| 实验1. 水土流失与坡度、土质的关系 | 实验：同样的坡度、同样是暴雨倾盆，A是松散的泥沙，B是黏性较好的黏土，哪一个水土流失严重呢？（一组不同坡度、相同土质） | |
| 实验2. 水土流失与降水强度的关系 | 相同时间内，相同坡度，同样沙土条件，降水强度不同 | |
| 实验3：水土流失与地表植被的关系 | 相同时间内，相同坡度，同等降水强度，植被覆盖率不同 | |

2. 学生分小组做实验，通过学生自己做实验，自己观察并归纳水土流失的自然原因。

| 情景 | 活动：观察到什么现象 | 问题：实验思考 | 生成：知识拓展迁移 |
|---|---|---|---|
| 水土流失实验1 | 松散的泥沙水土流失严重，陡坡容易出现水土流失 | 水土流失的程度（多少）与哪些自然因素有关？ | 我国哪些地形区水土流失最严重？原因是什么？治理措施有哪些？取得哪些成效？ |
| 水土流失实验2 | 降水强度大，水土流失严重 | | |
| 水土流失实验3 | 植被覆盖率低，水土流失严重 | | |

3. 小组讨论分析水土流失的人为原因有哪些？并提出治理水土流失问题的措施。